JOHANN SEBASTIAN BACH

OUVERTURE (SUITE) No. 3

D major/D-Dur/Ré majeur
BWV 1068

Edited by
Harry Newstone

Ernst Eulenburg Ltd

London · Mainz · Madrid · New York · Paris · Prague · Tokyo · Toronto · Zürich

CONTENTS

PREFACE

From early in the 17th century until the form engaged the interest of Johann Sebastian Bach, various composers had contributed to the development of the orchestral suite, notably and one of the first, Johann Rosenmüller (c.1619–1684), a predecessor of Bach's at the Thomasschule in Leipzig where he was appointed assistant master in 1642 and where, three years later, he published his first work – a collection of instrumental dances entitled *Paduanen, Alemanden, Couranten, Balletten, Sarabanden mit 3 Stimmen und ihren Basso pro Organo*.

Other German composers, among them Johann Caspar Ferdinand Fischer (c.1665–1746) whose Op. 1 of 8 Overture-Suites 'Journal de printemps' was published in 1695, and later Georg Philipp Telemann (1681–1767) and Johann Friedrich Fasch (1688–1758) also produced instrumental suites of dances. Fasch, who was to become a scholar at the Thomasschule under Bach's immediate predecessor Johann Kuhnau (1660–1722), wrote a number of orchestral suites in emulation of his admired Telemann and behind so many of his German contemporaries can be discerned the masterful presence of Jean-Baptiste Lully (1632–1687), not least in the innovation of preceding his dances with an imposing 'Ouverture' from which the form eventually took its name. Fasch, later to go into the service of Count Morzin of Lukavec, Bohemia, (who was in 1759 to give Joseph Haydn his first Music-Directorship) was much admired by Bach who hand-copied a number of Fasch's orchestral suites.

From Bach himself, only four such suites have come down to us although Heinrich Besseler who, with Hans Grüss, edited these works for the *Neue Bach Ausgabe*, suggests that there may well have been others, now lost, a proposition rejected by Werner Breig in a more recent article on the Bach Suites.[1] Of the four survivors, only sets of parts (some in Bach's hand) and some copyists' scores are extant, the original autograph scores having disappeared. It would seem that we owe a good deal of our limited knowledge of the Suites Nos. 2, 3 and 4 to the diligence of Christian Friedrich Penzel (1737–1801) who was a student at the Thomasschule from 1751 (the year after Bach's death) and who made copies of Bach manuscripts he found there.

Thus, neither the dates nor the order of composition of the suites can be established with any certainty. The *NBA* editors suggest that they were composed in the order by which we know them today with the following approximate dates: No. 1 (BWV 1066) 1718, No. 2 (BWV 1067) 1721, No. 3 (BWV 1068) 1722, and No. 4 (BWV 1069) 1723.[2] This would place the suites (or 'Ouverturen' as Bach called them), like the Brandenburg Concertos, in the composer's Cöthen period at which time No. 4 lacked the trumpets and timpani which were added in Leipzig at Christmas 1725 when the first movement was adapted for the opening chorus of the Cantata BWV 110, *Unser Mund sei voll Lachens*. It is possible that the trumpet parts and timpani of the Suite No. 3 were also added later in Leipzig but there is no direct evidence to support this. Breig even suggests that the Suite No. 3 may originally have been written for strings only.[3]

An alternative and quite different chronology for these works is proposed by Stephen Daw, placing the Suite No. 3 in its original version first in order of composition 'by 1724' and the fourth suite in its first version, and the Suite No. 1, 'by the end of 1724', the final version of No. 4 being completed 'c.1729', and the Suite No. 3 'adapted to form its final version' between 'c.1729–31'. '[...] we have no evidence

[1] Werner Breig, 'The Instrumental Music' (translated by Stewart Spencer), in *The Cambridge Companion to Bach*, ed. John Butt (Cambridge, 1997), 133

[2] Heinrich Besseler and Hans Grüss in *Neue Bach Ausgabe*, Kritischer Bericht (Critical Report) (Kassel, 1967), 13–16

[3] *The Cambridge Companion to Bach*, op. cit., 135

to indicate – as has often been stated – ', writes Daw, 'that any of these works were composed before Bach's arrival in Leipzig in May 1723'.[4] Breig supports this possibility and points out that all the surviving sources for the suites originated in Leipzig and proposes the following chronology:

The principal source of Suite No. 1 [...] almost certainly dates from his first year in office; in its original form, Suite No. 4 [...] must have been completed before Christmas 1725; Suite No. 3 [...] survives in a set of parts dating from 1731; and Suite No. 2 [...] survives in an MS from around 1738/9.[5]

Penzel's copies have survived and among them is a set of parts (source C) and a score (source D) in which the difficult first violin part in the first movement (bars 42–58 and 71–89) and the whole first violin part of the *Air* are marked to be played by a solo violin (Violino Concertato). We do not know the source from which Penzel made his copies; it may well have been the original Cöthen material but with so little else changed in these movements it is possible to speculate an authentic basis for this version. It is worth noting that the solo violin part is more comprehensively phrased than the first violin part of the 'tutti' version – a circumstance which may afford additional insight into some of the performing conventions of the period – particularly where slurring was clearly expected of the performer though not always specifically indicated. These variants are shown in our edition as Appendices A, B and C.

The Suite No. 3, which Breig suggests may originally have been written for strings only, dates, in its final form, from around 1731. Among the sources listed in the *NBA*'s Critical Report (Sources A–D), source a is a set of parts in which the first violin part and the continuo parts of the Bourrée and the Gigue are in Bach's hand, the whole of the second violin is in C. P. E. Bach's hand, the rest of Violin I and continuo were written by Johann Ludwig Krebs (who became Bach's pupil in 1726) and the remaining

parts by an unidentified copyist. Our edition is based on sources A, C, and D; source B is a handwritten score with a pencilled figured bass and is textually virtually identical with source A. All of these sources are located in the Staatsbibliothek zu Berlin – Preußischer Kulturbesitz, Musikabteilung mit Mendelssohn-Archiv.

Editorial slurs – shown here as broken ligatures – are added on the basis of parallel parts or by analogy with prevailing phrasing elsewhere in the movement, e.g. Gavotte 2 bar 6ff, violins and oboes. Editorial dynamics and trills etc., are shown in square brackets. Trumpets and Timpani are shown in D throughout.

Harry Newstone

---

[4] Stephen Daw, notes to J.S.Bach, 'The Four Orchestral Suites', The Brandenburg Consort/Roy Goodman (Hyperion CDD 22002, 1991)

[5] *The Cambridge Companion to Bach*, op. cit., 134

VORWORT

Vom Beginn des 17. Jahrhunderts bis zu dem Moment, als sich Johann Sebastian Bach der Orchestersuite zuwandte, hatten schon verschiedene Komponisten zur Entwicklung dieser Gattung beigetragen. Hier ist vor allem Johann Rosenmüller (um 1619–1684) zu nennen, ein Vorgänger Bachs an der Thomasschule in Leipzig. Er wurde dort 1642 stellvertretender Kantor und veröffentlichte drei Jahre später sein erstes Werk, eine Sammlung von instrumentalen Tänzen mit dem Titel *Paduanen, Alemanden, Couranten, Balletten, Sarabanden mit 3 Stimmen und ihren Basso pro Organo.*

Aber auch andere deutsche Komponisten schufen instrumentale Tanzsuiten; so z. B. Johann Caspar Fischer (um 1665–1746), dessen Opus 1 *Le Journal de printemps* (eine von acht Ouvertüren-Suiten dieses Komponisten) 1695 gedruckt wurde, und später Georg Philipp Telemann (1681–1767) sowie Johann Friedrich Fasch (1688–1758). Fasch, ein Schüler von Bachs unmittelbarem Vorgänger Johann Kuhnau (1660–1722), schrieb eine Anzahl von Orchestersuiten, in denen er seinem Vorbild Telemann nacheiferte. Bei ihm ist aber auch, wie bei vielen seiner zeitgenössischen, deutschen Komponistenkollegen, die meisterhafte Präsenz Jean-Baptiste Lullys (1632–1687) erkennbar. Diese zeigt sich nicht zuletzt in der Neuerung, den Tanzsätzen eine imposante „Ouvertüre" voranzustellen, von der diese Form möglicherweise auch ihren Namen hat. Fasch, der später in die Dienste des Grafen Morzin zu Lukawitz in Böhmen trat (desjenigen Grafen also, der 1759 Joseph Haydn seine erste Musikdirektorenstelle gab), wurde von Bach, der mehrere seiner Orchestersuiten abschrieb, sehr bewundert.

Von Bach selbst sind nur vier Orchestersuiten überliefert. Heinrich Besseler, der diese Werke zusammen mit Hans Grüss in der *Neuen Bach Ausgabe* (*NBA*) edierte, vermutete allerdings, dass es möglicherweise mehr Werke gegeben habe, die nun aber verschollen seien.

Diese These wurde jedoch von Werner Breig in einem Artikel über Bachs Suiten zurückgewiesen.[1] Von den vier überlieferten Werken existieren lediglich Stimmen (einige davon in Bachs Handschrift) sowie einige Partituren, die von Kopisten stammen. Die autographen Partituren sind verschollen. Ein Großteil unseres ohnehin begrenzten Wissens über die Suiten Nr. 2, 3 und 4 scheinen wir dem Eifer Christian Friedrich Penzels (1737–1801) zu verdanken. Er war seit 1751 (dem Jahr nach Bachs Tod) Schüler an der Thomasschule und kopierte die dort von ihm vorgefundenen Manuskripte Bachs.

Deshalb können wir weder über die Entstehungsdaten noch über die Kompositionsreihenfolge gesicherte Aussagen machen. Die Herausgeber der *NBA* vertreten die These, dass sie in der uns heute bekannten Folge komponiert wurden, wobei sie hinsichtlich der Datierung von den folgenden Annäherungswerten ausgingen: Nr. 1 (BWV 1066) 1718, Nr. 2 (BWV 1067) 1721, Nr. 3 (BWV 1068) 1722, Nr. 4 (BWV 1069) 1723.[2] Damit würden die Entstehungszeiten der Suiten (oder „Ouvertüren", wie sie Bach nannte), den Brandenburgischen Konzerten vergleichbar, noch in Bachs Köthener Zeit fallen. Zu diesem Zeitpunkt fehlten in der 4. Suite noch die Trompeten und Pauken. Sie wurden erst Weihnachten 1725 in Leipzig ergänzt, als Bach den ersten Satz für den Eröffnungschor der Kantate BWV 110 *Unser Mund sei voller Lachens* umarbeitete. Es ist ferner möglich, dass auch die Trompeten und Pauken der 3. Suite erst in der Leipziger Zeit ergänzt wurden, doch lassen sich dafür keine direkten Hinweise finden. Breig vermutet sogar, die 3. Suite sei ursprünglich nur für Streicher geschrieben worden.[3]

---

[1] Werner Breig, „The Instrumental Music", in: *The Cambridge Companion to Bach*, hrsg. v. John Butt, Cambridge 1997, S. 133 (ins Englische übersetzt von Stewart Spencer).
[2] Heinrich Besseler und Hans Grüss, *Neue Bach Ausgabe*, Kritischer Bericht, Kassel 1967, S. 13–16.
[3] Werner Breig, a. a. O., S. 135.

Eine gänzlich davon abweichende Chronologie schlägt Stephen Daw vor: Er setzt die 3. Suite in der Originalfassung als erste der vier Suiten „um 1724" an und die 4. Suite in ihrer ersten Fassung sowie die 1. Suite „gegen Ende 1724". Die Endfassung der 4. Suite sei „ca. 1729" beendet worden und die 3. Suite in ihrer endgültigen Form zwischen „ca. 1729 und 1731". Daws schreibt ferner: „[…] wir haben keinen Beweis dafür, dass – wie oft gesagt wurde – irgendeines dieser Werk vor Bachs Ankunft in Leipzig im Mai 1723 geschrieben wurde."[4] Breig unterstützt diese Hypothese und weist darauf hin, dass alle überlieferten Quellen zu den Orchestersuiten aus Leipzig stammen. Er schlägt folgende Chronologie vor:

Die Hauptquelle der 1. Suite stammt mit ziemlicher Sicherheit aus seinem ersten Jahr in Leipzig. Die 4. Suite muß in ihrer Originalfassung vor Weihnachten 1725 beendet worden sein, die 3. Suite ist in einem Satz Orchesterstimmen von 1731 erhalten, und die 2. Suite ist in einem Manuskript aus dem Jahr 1738/39 überliefert.[5]

Unter Penzels Abschriften haben sich ein Stimmensatz (Quelle c) sowie eine Partitur (Quelle d) erhalten, in denen schwierige Partien der 1. Violine innerhalb des 1. Satzes (T. 42–58 und T. 71–89) und ihr gesamter Part in der *Air* mit dem Vermerk *Violino Concertato* versehen sind; d.h. diese Stellen sind von einer Solovioline zu spielen. Leider wissen wir nicht, welche Quelle Penzel als Vorlage diente. Es mag das Originalmaterial aus Köthen gewesen sein, auf jeden Fall aber wohl eine authentische Version dieser Fassung, denn die Sätze weisen so gut wie keine anderen Änderungen auf. Ferner fällt auf, dass der Part der Solovioline wesentlich umfassender bezeichnet ist als die „Tutti"-Stimme der 1. Violine. Dieser Umstand mag einen tieferen Einblick in die Aufführungspraxis dieser Zeit geben, in der z. B. Bindungen an bestimmten Stellen vorausgesetzt wurden, ohne dass dies immer extra bezeichnet wurde. Die Abweichungen zwischen den beiden Stimmen sind in der vorliegenden Edition in den Appendices A, B und C dargelegt.

Die 3. Suite, von der Breig vermutet, sie sei ursprünglich nur für Streicher geschrieben worden, ist in ihrer endgültigen Fassung auf die Zeit um 1731 zu datieren. Unter den im Kritischen Bericht der *NBA* verzeichneten Quellen a–d ist Quelle a ein Stimmensatz, dessen Partien der 1. Violine und des Continuos in der *Bourrée* und *Gigue* von Bachs Hand sind. Die übrigen Sätze dieser Stimmen schrieb Johann Ludwig Krebs (der 1726 Bachs Schüler wurde) aus und die gesamte 2. Violinstimme C. Ph. E. Bach, während die übrigen Stimmen von einem unbekannten Kopisten sind. Die vorliegende Edition fußt auf den Quellen a, c und d. Quelle b ist eine handschriftliche Partitur, die eine mit Bleistift notierte Bezifferung des Basses enthält, und nahezu identisch mit Quelle a ist. Alle Quellen befinden sich in der Musikabteilung der Staatsbibliothek zu Berlin – Preußischer Kulturbesitz.

Vom Herausgeber in Analogie zu anderen Stellen oder Stimmen hinzugefügte Bögen – z. B. in den Violinen und der Oboen in T. 6ff der *Gavotte 2* – sind durch Strichelung gekennzeichnet. Dynamische Ergänzungen und ergänzte Triller stehen in eckigen Klammern. Die Trompeten und Pauken sind durchgängig in D notiert.

Harry Newstone
Übersetzung: Ann-Katrin Heimer

---

[4] Stephen Daw, Beiheft zur CD J. S. Bach, „The Four Orchestral Suites", The Brandenburg Consort/Roy Goodman (Hyperion CDD22002, 1991).
[5] Werner Breig, a. a. O., S. 134.

PRÉFACE

Dès les débuts du XVIIe siècle, et jusqu'à ce que cette forme attirât l'intérêt de Jean-Sébastien Bach, plusieurs compositeurs contribuèrent au développement de la suite orchestrale, notamment, et dans les premiers, Johann Rosenmüller (*ca* 1619–1684), prédécesseur de Bach à la Thomasschule de Leipzig où Bach fut lui-même nommé maître assistant en 1642 et publia, trois ans plus tard, son premier opus, un recueil de danses instrumentales intitulé «Paduanen, Alemanden, Couranten, Balletten, Sarabanden mit 3 Stimmen und ihren Basso pro Organo».

D'autres compositeurs allemands se distinguèrent dans des suites de danses instrumentales, parmi eux Johann Caspar Ferdinand Fischer (*ca* 1665–1746), dont l'Op.1 «Journal de Printemps», constitué de huit Ouvertures-Suites, parut en 1695, puis, plus tard, Georg Philipp Telemann (1681–1767) et Johann Friedrich Fasch (1688–1758). Fasch, élève à la Thomasschule du prédécesseur immédiat de Bach, Johann Kuhnau (1660–1722), écrivit un certain nombre de suites orchestrales stimulé par son admiration pour Telemann. Chez nombre de ses contemporains allemands se profile également l'empreinte magistrale de Jean-Baptiste Lully (1632–1687), en particulier par l'introduction innovatrice d'une «Ouverture» majestueuse précédant les danses, dont la forme tira finalement son nom. Fasch, qui entrera plus tard au service du comte Morzin de Lukavec en Bohême (celui-ci offrira en 1759 son premier poste de Directeur de la Musique à Haydn), suscita l'engouement de Bach qui recopia plusieurs de ses suites orchestrales.

De Bach lui-même ne nous sont parvenues que quatre suites de ce type. Heinrich Besseler et Hans Grüss, qui les ont éditées pour la *Neue Bach Ausgabe,* évoquent néanmoins la possibilité que d'autres, aujourd'hui perdues, aient pu exister mais cette idée est rejetée par Werner Breig dans un article plus récent sur les Suites de Bach.[1]

De ces quatre œuvres, dont les partitions autographes ont disparu, n'ont survécu que des parties séparées (dont quelques-unes de la main de Bach) et des copies calligraphiées par des copistes. L'essentiel de notre connaissance limitée des Suites Nos 2, 3 et 4 est, semble-t-il, dû à la diligence de Christian Friedrich Penzel (1737–1801), élève à la Thomasschule à partir de 1751 (année suivant la mort de Bach), qui effectua des copies de manuscrits de Bach qu'il y trouva.

C'est ainsi que ni les dates, ni l'ordre de composition des Suites (ou «Ouvertures» selon le terme de Bach) ne peuvent être établis avec certitude. Les éditeurs de la *NBA* avancent qu'elles furent composées dans l'ordre que nous connaissons aujourd'hui aux dates approximatives de : N°1 (BWV 1066) 1718, N°2 (BWV 1067) 1721, N°3 (BWV 1068) 1722 et N°4 (BWV 1069) 1723[2] et remontent donc, comme les *Concertos brandebourgeois*, à la période vécue par le compositeur à Cöthen. Les parties de trompettes et de timbales n'existaient alors pas dans la Suite N°4 et furent introduites à Leipzig à Noël 1725, lors de l'arrangement du premier mouvement en chœur initial de la cantate BWV 110 *Unser Mund sei voll Lachens.* Il se pourrait que les parties de trompette et de timbales de la Suite N°3 aient également été ajoutées à Leipzig mais aucune preuve directe n'appuie cette thèse. Breig suggère même que la Suite N°3 ait pu, à l'origine, avoir été écrite pour cordes seules.[3]

Stephen Daw propose une chronologie complètement autre de l'ordre de composition de ces œuvres qui place la Suite N°3, dans sa version originale, la première «avant 1724», la Suite N°4, dans sa première version, et la Suite N°1 «avant la fin de 1724», l'achèvement de la version définitive de la Suite N°4 «vers

---

[1] Werner Breig, «The Instrumental Music» (Traduction anglaise de Stewart Spencer) dans : *The Cambridge Companion to Bach,* éd. John Butt, Cambridge, 1997, p.133

[2] Heinrich Besseler et Hans Grüss dans : *Neue Bach Ausgabe,* Kritischer Bericht (Étude critique), Kassel, 1967, pp.13–16
[3] *The Cambridge Companion to Bach,* op. cit., p. 135

l'adaptation de la Suite N°3 «constituant
~~~ion définitive» entre «environ 1729 et
~~». Daw précise : «Nous ne possédons
~~~ne preuve indiquant – comme cela a
~~~vent été affirmé – que l'une ou l'autre de
~~~s œuvres fut composée avant l'arrivée de
Bach à Leipzig en mai 1723».[4] Breig souscrit à
cette possibilité en faisant remarquer que toutes
les sources connues des suites proviennent de
Leipzig et établit la chronologie suivante :
La source principale de la Suite N°1 […] remonte
presque sûrement à la première année de son activité.
Dans sa forme originale, la Suite N°4 […] fut
nécessairement achevée avant Noël 1725, la Suite
N°3 […] nous est parvenue en parties séparées
datant de 1731 et le manuscrit existant de la Suite
N°2 […] date d'environ 1738/39.[5]

Les copies de Penzel ont survécu et parmi
elles un ensemble de parties séparées (source
C) et une partition complète (source D) sur lesquelles il est indiqué que les séquences dif-
ficiles de la partie de premier violon du premier mouvement (mesures 42 à 58 et 71 à 89)
ainsi que l'intégralité de la partie de premier
violon de l'*Air* doivent être jouées par un violon soliste (*Violino Concertato*). On ne connaît
pas la source à partir de laquelle Penzel réalisa
ses copies. Il se peut que ce fût le matériel original de Cöthen mais le peu de changements ren-
contrés dans ces mouvements laisse supposer
une base authentique à cette version. On remar-
quera avec intérêt que la partie de violon solo
y est phrasée de manière plus complète que la
partie de premier violon de la version « tutti »
– ce qui fournit une perspective supplémentaire
sur les conventions d'exécution de l'époque –
en particulier aux endroits où l'on attendait à
l'évidence de l'interprète qu'il effectuât le
phrasé sans que cela fût spécifiquement indiqué. Ces variantes sont mentionnées dans
notre édition comme Appendices A, B et C.

La suite N°3, dont Breig avance qu'elle a
peut-être été écrite, à l'origine, pour cordes

seules, date, dans sa forme finale, des environs de
1731. Parmi les sources recensées dans l'étude
critique de la *NBA* (sources A–D), la source A
consiste en un ensemble de parties séparées dans
lesquelles la partie de premier violon et la basse
continue de la *Bourrée* et de la *Gigue* sont de la
main de Bach, l'intégralité des parties de Violon
I et de Basse continue furent copiées par Johann
Ludwig Krebs (disciple de Bach à partir de 1726)
et les autres parties par un copiste inconnu. Notre
édition se fonde sur les sources A, C et D. La
source B est une partition manuscrite compor-
tant une basse chiffrée notée au crayon dont le
texte est pratiquement identique à celui de la
source A. Toutes ces sources sont conservées
au Musikabteilung de la Staatsbibliothek zu
Berlin – Preussischer Kulturbesitz.

Les liaisons de phrasé ajoutées à l'édition –
ici en pointillé – l'ont été soit en référence à
des parties parallèles soit par analogie avec le
phrasé dominant ou avec d'autres endroits du
mouvement, par exemple dans la *Gavotte* 2,
mesures 6 et suivantes, violons et hautbois. Les
nuances dynamiques, trilles, etc. ajoutés à l'édition figurent entre crochets. Les parties de
Trompettes et de Timpani sont entièrement
notées en *ré*.

Harry Newstone
Traduction Agnès Ausseur

---

[4] Stephen Daw, commentaire accompagnant l'enregistrement
« The Four Orchestral Suites » par l'ensemble Brandenburg Consort/Roy Goodman (Hyperion CDD 22002,
1991)
[5] *The Cambridge Companion to Bach*, op. cit., p. 134

OUVERTURE (SUITE) No. 3

Johann Sebastian Bach
(1685–1750)
BWV 1068

I. Ouverture

Edited by Harry Newstone
© 2009 Ernst Eulenburg Ltd, London
and Ernst Eulenburg & Co GmbH, Mainz

2

5

* See Appendix A

II. Air

Violino

Viola

Basso continuo

Vl.

Vla.

B. c.

Vl.

Vla.

B. c.

* See Appendix C

III. Gavotte 1

Oboe

Tromba (D)

Timpani

Violino

Viola

Basso continuo

[Fine]

Gavotte 2

Da Capo [III.]

IV. Bourrée

V. Gigue

Appendix A: from *D-B* Mus.ms.Bach P1055

etc.

Appendix B: from *D-B* Mus.ms.Bach P1055

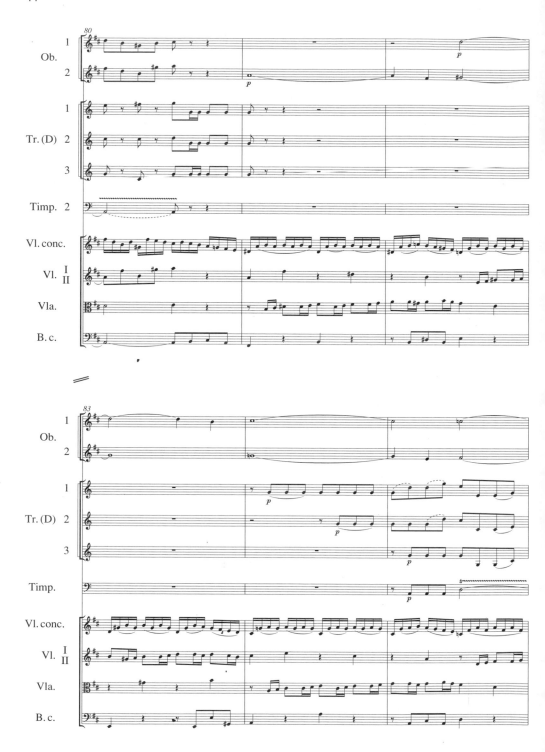

Appendix C: from *D-B* Mus.ms.Bach P1055

II. Air